Petit livre d'auto coaching pour stimuler la confiance en soi

Valérie Van Rechem

Copyright © 2018 Valérie Van Rechem

Tous droits réservés.

ISBN-13 : **978-2-9602325-0-9**

DÉDICACE

Je remercie mes clients (anonymes) qui ont indirectement contribué à cet ouvrage en exposant leurs diverses demandes dont le point commun est la confiance en soi.
Je remercie également mes proches pour la confiance et le soutien qu'ils m'ont témoignés pour la réalisation de ce petit livre.

Valérie Van Rechem

TABLE DES MATIÈRES

Mon cher journal — Pg n°9

Introduction — Pg n°11

Guide d'utilisation — Pg n°13

Définition — Pg n°15

Pourquoi avoir confiance ? — Pg n°17

1 Moi — Pg n°19

2 Définir la confiance en soi — Pg n°21

3 J'ai perdu confiance et je ne suis plus moi-même — Pg n°23

4 Visualisation — Pg n°27

5 Pourquoi ces limites ? — Pg n°29

6 Mes choix — Pg n°39

7 Une ou plusieurs actions par jour   Pg n°43

8 Ma lettre au Père Nöel   Pg n°47

9 Mes qualités   Pg n°51

10 J'ai confiance en moi   Pg n°55

11 Lâcher prise   Pg n°61

12 Se faire plaisir   Pg n°65

13 Les petites et les grandes choses que je n'ose pas faire   Pg n°67

14 Peur des conflits   Pg n°71

15 Activités, loisirs, sports...   Pg n°75

16 L'instant présent   Pg n°77

17 J'ai envie de...   Pg n°81

18 Les intuitions   Pg n°83

19 Gratitude   Pg n°87

20 S'aimer soi ou la confiance en soi   Pg n°89

Petit livre d'auto coaching pour stimuler la confiance en soi

21 Je me pardonne								Pg n°93

22 Relation aux autres							Pg n°95

23 Dépendances								Pg n°99

24 Oser le changement							Pg n°101

25 Mes râleries								Pg n°103

26 Les citations								Pg n°105

27 Mon identité rêvée							Pg n°107

Conclusion									Pg n°109

Valérie Van Rechem

MON CHER JOURNAL

«Là où règnent force intérieure et confiance en soi, disparaissent méfiance, peur et doute.»
Dalaï Lama

NOM :

PRENOM :

Valérie Van Rechem

INTRODUCTION

«Si tu cherches encore la personne qui va changer ta vie, regarde-toi dans un miroir.»
Roman Price

Si dans votre jeunesse vous avez tenu un journal, repensez à quoi il vous servait.

Bien souvent, un journal sert à exprimer tout ce que nous ne pouvons pas dire à quelqu'un d'autre et qui nous pèse, ainsi qu'à nous soulager en exprimant le trop plein d'émotions, parfois à trouver des réponses à nos questions... Un exutoire.

Si vous aviez un journal, répondez à ces questions:

Q : A quoi vous servait-il ?

Q : Que vous apportait-il ? Développez:

Valérie Van Rechem

GUIDE D'UTILISATION

Ce petit livre (ou journal) est prévu pour que vous puissiez exprimer toutes les choses importantes pour vous à l'aide de questions (**Q :**) et d' exercices (**EXERCICE :**).
Répondez spontanément ce qui vous vient dans la zone laissée libre, sans trop réfléchir...
Cette zone est votre espace personnel d'expression et... de prise de conscience. C'est votre journal et n'hésitez pas à le relire de temps en temps.
Si parfois il manque de la place pour rédiger vos notes, il existe un espace personnel prévu à cet effet à la fin du livre.

Cet ouvrage a pour but de faire le point et de comprendre pourquoi vous manquez de confiance et comment faire pour que cela change.

Tout au long de celui-ci, j'explore le thème sous différents angles.

Certains exercices vont se répéter dans différents chapitres. Cela vous permettra de bien ancrer le résultat positif de la réflexion et de percevoir les choses selon ces différents angles.

Le but final est de mieux vous connaître, vous comprendre et de trouver des solutions pour avancer. Cela vous permettra de solidifier votre confiance en vous.

Valérie Van Rechem

Définition

Qu'est-ce que la confiance en soi ?

C'est avoir confiance en notre valeur et en nos capacités à être heureux et à atteindre nos objectifs dans la vie.

Q : Pourquoi estimez-vous que vous en manquez ?

Q : Avec la confiance, qui seriez-vous ?

Q : Où seriez-vous ?

Q : Que pensez-vous pouvoir faire pour l'acquérir ?

Ce petit livre a pour but de vous aider à trouver vos propres réponses et à avancer pas à pas vers la «confiance en soi», vers qui vous êtes vraiment pour vivre une vie plus épanouissante.

Vous dites-vous parfois: « Ça, ce n'est pas ma vie ! » ? Si c'est le cas, **répondez à cette QUESTION :**

Q : Alors que serait votre « vraie » vie ?

POURQUOI AVOIR CONFIANCE ?

La confiance en soi lorsqu'on la vit nous simplifie la vie.
Elle nous permet d'aller vers ce que l'on aime et d'avancer en confiance.
C'est justement cette confiance qui émanera de notre être et qui nous ouvrira toutes les portes. Avancez en confiance vers un groupe de personnes et appréciez leur accueil. Il est à la hauteur de votre confiance... Confiance en la vie ou confiance en soi, c'est pareil.
Nos pensées créent notre réalité...

Valérie Van Rechem

1 MOI

«La porte du changement ne peut s'ouvrir que de l'intérieur.»

Jacques Salomé

EXERCICE :

Décrivez ici la personne que vous pourriez être si vous aviez confiance en vous.

Si j'avais confiance en moi je... (Développez)

Q : Vous vous voyez comment ?

Q : Que ressentez-vous ?

Q : Que dit-on de vous ?

2 DÉFINIR LA CONFIANCE EN SOI

«Fais de ta vie un rêve, et d'un rêve une réalité.»
Antoine de Saint-Exupéry

A vous de définir la confiance en soi !

Q : Selon vos critères, comment peut-on définir la confiance en soi ?

Q : Selon vos critères, à quoi ressemble une personne qui a confiance en elle ?

EXERCICE :

Maintenant, observez les personnes qui vous semblent avoir confiance en elles:

Q : Quelles sont leurs caractéristiques ?

Q : Pour quelle(s) raison(s) n'en faites-vous pas autant ?

3 J'AI PERDU CONFIANCE ET JE NE SUIS PLUS MOI-MÊME

«Soyez vous-même, tous les autres sont déjà pris.»
Oscar Wilde

La confiance en soi peut s'acquérir à tout moment dans une vie si on le décide.
Avoir confiance c'est aussi se sentir à l'aise face à différents interlocuteurs et dans différentes situations.

Q : Pour quelle(s) raison(s) n'ai-je pas confiance en moi ?

Q : Qu'est-ce que je pense «en négatif» de ma personne ?

Q : D'où me vient cette pensée ?

Q : Depuis quand est-elle une barrière à mon épanouissement ?

Q : D'où vient ce manque de confiance ? De ma tête (je pense trop,...). De mon coeur (je ne l'écoute pas assez,...). De mon ventre (j'ai peur,...) ? Ou d'une combinaison... 1

---

1 **mBraining: Using your multiple brains to do cool stuff** Grant Soosalu (Auteur), Marvin Oka (Auteur)

Q : A quels signes saurai-je qu'à partir de maintenant, j'ai confiance en moi ?

Q : Que ferez-vous quand vous aurez confiance en vous ?

Q : Comment arriver à ce résultat ?

Valérie Van Rechem

4 VISUALISATION

« La plus grande découverte de ma génération, c'est que les êtres humains peuvent transformer leur vie en transformant leur état d'esprit. »
William James

Si nous pensons à des conséquences négatives, nous fabriquons du négatif ! Le contraire est vrai aussi...

EXERCICE :

Mettez-vous dans la peau de quelqu'un qui a confiance et visualisez ...

Q : Comment ressentez-vous la situation dans votre corps ?

Q : Qu'est-ce qui vous empêche d'avoir confiance vous aussi ?

Valérie Van Rechem

5 POURQUOI CES LIMITES ?

«La vie commence quand les peurs prennent fin.»
Osho

1/ Est-ce que je le mérite ?

Vous demandez-vous parfois si vous méritez d'être cette personne qui a confiance, et si la réponse est non, savez-vous qui vous limite le plus dans votre vie ? **Vous** !

EXERCICE :

Choisissez une situation dans laquelle vous estimez manquer de confiance. Comment pourriez-vous faire «autrement» si vous aviez confiance ?
Renouvelez l'exercice dans plusieurs situations possibles :

Stuation 1 :

Situation 2 :

Situation 3 :

...

Q : Qu'est-ce qui vous empêche d'agir ainsi ?

Q : Choisissez-vous de continuer l'insatisfaction ou avancer et oser ?

Q : Quand décidez-vous que cela va changer ? Précisez à partir de quelle date:

Q : Par quoi allez-vous commencer pour essayer ce nouvel état d'esprit ?

2/ Je suis perfectionniste.

La personne qui est perfectionniste veut donner une image parfaite d'elle-même. Si elle avait confiance, ce ne serait pas nécessaire.

Les clés : Je m'accepte et je m'aime tel(le) que je suis, avec mes défauts et mes qualités et je n'ai pas besoin du jugement positif des autres personnes pour me sentir en confiance.

N'avez-vous jamais expérimenté ceci : le manque de confiance se ressent chez une personne et malheureusement en cherchant à être rassurée, elle obtient le contraire, la plupart du temps.

Q : Listez ici tout ce que vous vous imposez :

Si la liste est longue, vous êtes probablement la personne que recherche bon nombre d'employeurs ! Celui (ou celle) que l'on peut presser comme un citron.

Q : Qu'en pensez-vous ?

Q : Dans quel état physique êtes-vous à cause de cela ?

3/ Je ne suis pas à la hauteur, ou j'ai peur de ne pas l'être.

Q : Pour quelle raison ne vous sentez-vous pas à la hauteur ?

Q : Selon vous, que signifie «être à la hauteur» ? Développez...

Q : Pour quelle(s) raison(s) ne peut-on pas (ou ne puis-je pas) m'aimer telle que je suis ?

4/ Je n'ose pas avancer en confiance vers telle ou telle situation car j'ai peur des conséquences.

Q : Que pourrait-il arriver ?

Q : D'où vient cette appréhention ?

EXERCICE :

Choisissez de vivre une situation que vous n'oseriez pas affronter habituellement (une «facile» qui ne vous effraye pas trop) et agissez avec le plus de confiance possible.

Que s'est-il réellement passé ? Développez...

Valérie Van Rechem

EXERCICE :

Tous les ... jours je vais choisir une nouvelle situation que je n'aurais pas osé affronter avant et je vais avancer avec le plus de confiance possible. J'écris dans l'espace libre qui suit ce qui s'est réellement passé suite à cela.

Valérie Van Rechem

6 MES CHOIX

«C'est justement la possibilité de réaliser un rêve qui rend la vie intéressante.»
Paolo Coelho

Certaines personnes disent qu'elles font toujours le mauvais choix. Nous devons tous faire des choix à certaines périodes de nos vies. L'important est de savoir ce qui les motive.

EXERCICE :

Listez vos choix personnels et professionnels (y compris les études que vous avez faites) et notez à côté ce qui a motivé chacun d'entre eux.
Ecrivez ensuite à côté quels auraient été vos choix si vous aviez écouté votre coeur avec confiance.

Et maintenant répondez sincèrement et sans trop réfléchir à ces questions.

Q : Qu'est-ce que je désire vraiment ?

Q : De quoi ai-je profondément besoin pour y arriver ?

Q : Qu'est-ce qui me ferait avancer vers ce que je désire ?

Petit livre d'auto coaching pour stimuler la confiance en soi

Valérie Van Rechem

7 UNE OU PLUSIEURS ACTIONS PAR JOUR

«L'action est la clé fondamentale de tout succès.»
Pablo Picasso

Et si vous décidiez de répondre à vos envies quotidiennement ? Pour vous aider, si c'est difficile, demandez-vous ce que vous vous conseilleriez à propos de vos désirs si vous étiez votre ami(e) bienveillant(e).

EXERCICE :
Tous les jours de la semaine répondez à une envie:

Aujourd'hui lundi, je...

...car cela me fait plaisir et que j'ai confiance en moi.

Aujourd'hui mardi, je...

...car cela me fait plaisir et que j'ai confiance en moi.

Aujourd'hui mercredi, je...

...car cela me fait plaisir et que j'ai confiance en moi.

Aujourd'hui jeudi, je...

...car cela me fait plaisir et que j'ai confiance en moi.

Aujourd'hui vendredi, je...

...car cela me fait plaisir et que j'ai confiance en moi.

Aujourd'hui samedi, je...

...car cela me fait plaisir et que j'ai confiance en moi.

Aujourd'hui dimanche, je...

...car cela me fait plaisir et que j'ai confiance en moi.

Q : Que pensez-vous de cette affirmation : *«Si je veux, je peux»*?

8 MA LETTRE AU PÈRE NOËL

«Demandez, et l'on vous donnera; cherchez, et vous trouverez; frappez, et l'on vous ouvrira.»
Evangile selon Saint-Matthieu

EXERCICE :

Redevenez un enfant qui croit en ses rêves:
Ecrivez une lettre au père Noël:

Cher père Noël, voici ce que je souhaite dans ma vie à partir de ....
Et écrivez tout ce qui vous vient, vie privée, vie professionnelle, relations avec les autres, où, comment ?

Ensuite visualisez-vous dans cette situation.
Que ressentez-vous ?

Cher Père Noël,

Valérie Van Rechem

EXERCICE :

Q : Quelles seront les étapes que vous suivrez pour atteindre ce résultat ?

Etape 1

Etape 2

Etape 3

Etape 4

…

Q : Quand allez-vous commencer ? Ecrivez une date:

Q : A quel signe saurez-vous que vous aurez (enfin) confiance en vous ?

Les clés : S'aimer vraiment est la base pour avoir confiance en soi.
Chapitre 20 Pg n°87

9 MES QUALITÉS

«Etre différent n'est ni une bonne ni une mauvaise chose. Cela signifie simplement que vous êtes suffisamment courageux pour être vous-même.»
Albert Camus

Nous avons tous nos qualités et nos défauts mais nous oublions souvent les premières ! Les connaître vous permettra de penser à vous dans des termes positifs ! Pensez à l'impact sur la confiance en soi, en considérant que nos pensées créent notre réalité...

EXERCICE :

Faites une liste des qualités que vous estimez avoir et demandez à vos proches d'en faire de même.

Ma liste :

-
-
-
-
-
-
-
-
-
-
-

La liste de mes proches :

-
-
-
-
-
-
-
-
-
-
-
-

Q : Comment est-ce que je parle de moi actuellement ?

Q : A l'aide des deux listes précédentes (et donc en positif), comment puis-je parler de moi ?

Valérie Van Rechem

10 J'AI CONFIANCE EN MOI

« La folie c'est de refaire la même chose et d'en attendre un résultat différent. »
Albert Einstein

Pensez au plaisir que cela vous procurerais si vous étiez vous-même, avec vos propres choix.

Les clés : Une personne qui fait ses propres choix est une personne qui a confiance en elle

Q : Si vous aviez confiance en vous, qu'élimineriez-vous de votre vie ? Faites-en la liste.

Q : Par quoi remplaceriez-vous ces éléments, si c'était nécessaire ?

EXERCICE :

Imaginez le nouveau type de personnes qui vous entourerait, si c'était nécessaire. Prenez des notes.

...Et le type de personnes qui ne ferait plus partie de votre vie ?

EXERCICE :

Imaginez à quel endroit vous seriez. Prenez des notes.

Q : De quoi avez-vous besoin pour arriver à ces résultats ?

Q : Selon vous, quelles sont les étapes à suivre ?

Etape 1

Etape 2

Etape 3

...

EXERCICE :

Sur la base de ces étapes, consacrez quotidiennement un moment pour travailler à votre confiance en vous. Le soir, avant de vous coucher, notez dans la zone ci-dessous ce que vous avez fait pour avancer vers votre objectif.

Laissez-vous le temps d'atteindre votre objectif car, comme on dit, Rome ne s'est pas construite en un seul jour !

Etape après étape, vous avancez vers plus de confiance en vous et en vos capacités à vivre la vie que vous méritez.

Ce que j'ai fait aujourd'hui pour avancer vers plus de confiance en moi:

Valérie Van Rechem

11 LÂCHER PRISE

« Accepter ce n'est pas se résigner, mais rien ne vous fera perdre plus d'énergie que de résister face à une situation que vous ne pouvez pas changer. »
Dalaï Lama

Lorsqu'on lâche prise, on est nous-même indépendamment des pensées ou des peurs limitantes...
Lâcher prise du résultat de telle ou telle action... Concrètement, on passe à l'action en faisant tout ce qui est en notre pouvoir et ensuite on lâche prise sur le résultat.
Personnellement depuis que j'ai commencé à lâcher prise (et ce ne fut pas facile...), j'expérimente tous les jours ce que j'appelle des «petits miracles». Les choses se mettent en place d'elles-mêmes et le mieux possible, dans le meilleur des mondes...

Lâcher prise, c'est arrêter de contrôler. Lorsque l'on cherche à contrôler, on le fait pour éviter de revivre des situations qui nous ont fait souffrir. Quand nous contrôlons, nous ne sommes pas nous-mêmes. Nous manquons de confiance. Le pire est que, paradoxalement, en agissant ainsi, nous provoquons souvent la situation que nous souhaitons éviter et nous ne contrôlons plus rien !

Si vous pensez qu'il est trop tard, demandez-vous si vous voulez continuer sur cette route qui n'est pas la vôtre ou bien profiter du reste de votre vie comme vous ne l'avez jamais fait !
Oser être soi en confiance et en toutes circonstances sans penser aux conséquences, sans s'inquiéter du regard des autres.

Accepter ce que l'on a et qui nous satisfait sans souffrir du complexe de l'imposteur (=cela n'a pas pu m'arriver, personne n'a remarqué que je ne suis pas à ma place. Comment faire pour m'en sortir?)

Q : Demandez-vous quelles raisons vous empêchent de lâcher prise, développez...

Q : Que pourrait-il arriver si vous lâchez prise?

Q : Dans quelle situation pourriez-vous lâcher prise ?

Q : Quelle est la raison de ce besoin de contrôler ?

EXERCICE :

Trouvez des situations pour lesquelles vous pourriez lâcher prise et expérimentez les !

Je lâche prise sur...

Ecrivez ce qui s'est passé suite à cela :

Valérie Van Rechem

12 SE FAIRE PLAISIR

«Le plaisir est le commencement et la fin de la vie heureuse.»

Epicure

La personne qui a confiance en elle fera ses propres choix et n'hésitera pas à se faire plaisir.
Demandez-vous si vous cherchez à faire plaisir aux autres avant vous-même.

Q : Si vous faites plaisir aux autres avant de penser à vous, quelle(s) en est (sont) la (les) raison(s) ?

Q : A quelle(s) occasion(s) vous faites-vous plaisir ?

Valérie Van Rechem

13 LES PETITES ET LES GRANDES CHOSES QUE JE N'OSE PAS FAIRE

« Choisissez un travail que vous aimez et vous n'aurez pas à travailler un seul jour de votre vie. »
Confucius

MES DOUTES :

Pensez-vous, quand les choses se présentent «trop bien», que ce n'est pas possible ?
Exemple:
Avez-vous l'impression que ce poste pour lequel vous venez d'être embauché(e) est trop bien pour vous ? Cet homme (ou cette femme) qui vous montre de l'intérêt ?
Ou encore lorsque vous cherchez une place en voiture, pensez-vous que vous n'en trouverez pas (ou une très loin d'où vous vous rendez ?)

EXERCICE :

A partir de ces exemples, choisissez des situations qui vous concernent et complétez ces phrases:

Si j'y avais cru, je...

Notez ici: *Je ne suis pas passé(e) à l'action car...*

EXERCICE :

Si une situation qui vous est favorable se présente à l'avenir et que vous vous sentez prêt(e), osez la vivre et notez ici ce qui s'est réellement passé:

MES CHOIX VESTIMENTAIRES :

EXERCICE :

Allez dans un magasin de vêtements qui vous plait, choisissez les vêtements que vous aimez vraiment, ressentez le plaisir que vous retirez de ce choix. Essayez-les et ressentez la joie que vous avez de les porter, les aimez-vous ?
C'est suffisant, pas besoin de l'approbation des autres. Vous avez confiance en vous et vous vous permettez d'être vous-même.

MES CHOIX EN MATIERE DE DECORATION :

EXERCICE :

Allez dans un magasin de décoration intérieure ou extérieure qui vous plait. Procédez comme avec les vêtements...

Pensez au plaisir que cela vous procure d'être vous-même avec vos propres choix. A votre avis ressemblez-vous à quelqu'un qui a confiance en lui (elle)? OUI/NON

Cela va vous aider à réaliser de plus en plus de choses que vous n'osez pas faire et qui sait, un jour, de grandes choses qui bouleverseront votre vie dans le bon sens !

EXERCICE :

Quand vous n'osez pas faire quelque chose, demandez-vous depuis quand est-ce comme cela et quand fut la dernière fois que vous avez osé dans le passé.
Choisissez une situation qui vous concerne.
Pour quelle raison cela a-t-il changé depuis ? Développez le sujet...

Valérie Van Rechem

Demandez vous si c'est fondé de continuer à ne pas oser.

14 PEUR DES CONFLITS

«On ne connaît vraiment quelqu'un qu'après s'être disputé avec lui.»
Ana Maria Fontes

«Je n'ose pas donner mon avis car j'ai peur du **rejet**, de l'**abandon, de l'humiliation,** de la **trahison** ou de l'**injustice**...» [1]
Souvent, nous n'osons pas être nous-même, nous nous adaptons (ou nous suradaptons) aux autres, à ce qu'ils pensent, font ou souhaitent... Sinon quoi ? Demandez-vous ce qui vous pousse à vous effacer par rapport aux autres.
Demandez-vous si c'est plus important, confortable ou agréable pour vous d'être aimé(e) pour ce que vous n'êtes pas ou tel(le) que vous êtes.
Si vous avez l'impression de ne pas exister, pensez à la vie que vous pourriez avoir si vous preniez votre place.

EXERCICE :

J'essaye d'être moi-même dans une situation simple :
Trouvez cette situation, écrivez d'abord de quelle manière vous n'êtes pas vous-même actuellement. Ensuite comment vous seriez si vous étiez vous-même.
Passez à l'action....
Ecrivez ce qui s'est passé et développez :

---

1. Notions du livre de Lise Bourbeau: «Les cinq blessures qui empêchent d'être soi-même» Editions E.T.C. INC

Valérie Van Rechem

EXERCICE :

Dans quelle situation future allez-vous recommencer l'expérience ? Choisissez à quelle fréquence cela va-t-il se reproduire. Prenez note chaque fois que c'est le cas, dites ce qui s'est passé et développez le sujet:

Tous les ... jours je vais être moi.

MODELE :

-*Avant j'aurais .....*

-*Maintenant que j'ai osé......*
Et décrivez ce qui s'est réellement passé, comment vous vous sentez, ce qui se passe en vous, où précisément dans votre corps et si c'est agréable.

Valérie Van Rechem

15 ACTIVITÉS, LOISIRS, SPORTS...

«Le loisir est le meilleur des biens.»
Socrate

Avoir des loisirs c'est se faire plaisir et se faire plaisir c'est s'aimer ! Mais avoir des loisirs, c'est aussi s'apprécier pour ses capacités, qu'elles soient sportives, créatives, inventives, etc... Pour toutes ces raisons les loisirs sont porteurs de confiance en soi !

Quelle activité stimulerait votre confiance en vous ?

Pour quelle raison ?

Réalisez cette activité et décrivez ici l'effet que cela a produit en vous et où précisément dans votre corps ?

Valérie Van Rechem

16 L'INSTANT PRÉSENT

«Le moment présent a un avantage sur tous les autres, il nous appartient.»
Charles Caleb Colton

Savez-vous ce qu'est vivre dans l'instant présent ? C'est être à l'endroit où vous êtes et vivre ce qui s'y passe, sans jugement. Par exemple maintenant, qu'êtes-vous en train de vivre ? Vivez cela sans penser au passé ni au futur.
Vous vous demandez peut-être quel est le rapport avec la confiance en soi.
Quand vous vivez l'instant présent, vous ne vous posez pas les questions qui vous limitent. Vous êtes vous-même à cet instant là...

Comment vivre l'instant présent ?

En découvrant un nouvel endroit par exemple.

«Une fois par an allez quelque part où vous n'êtes jamais allé auparavant.»
Dalaï Lama

Q : Si vous estimez ne jamais vivre l'instant présent, quelle(s) en est (sont) la (les) cause(s) ?

EXERCICE :

J'expérimente l'instant présent tous les ... jours
Que s'est-il passé ? Décrivez ces expériences ci-dessous :

Petit livre d'auto coaching pour stimuler la confiance en soi

Valérie Van Rechem

17 J'AI ENVIE DE...

«La vie est vraiment simple, mais nous insistons à la rendre compliquée.»
Confucius

Ecouter nos envies c'est nous respecter et nous aimer. Quand nous nous aimons et que nous nous respectons, nous osons être nous-même et cela stimule la confiance en soi.

Cet espace va vous servir pour lister vos envies, lâchez-vous et écrivez tout ce qui vous vient :

J'ai envie de...

J'ai envie de...

J'ai envie de...

Valérie Van Rechem

18 LES INTUITIONS

«Ecoutez simplement votre coeur, votre intuition. Dans le voyage de la vie, ils sont vos seuls guides.»
Osho

Si vous n'arrivez pas à faire des choix et ressentez le besoin de demander aux autres ce qu'ils feraient à votre place dans telle ou telle situation, demandez-vous d'où viendrait la meilleure des réponses.

Les clés : Je suis mes intuitions car j'ai confiance en moi et en ce que je ressens au plus profond de moi.

Q : Si, un jour, vous avez écouté votre intuition, quel en fut le résultat ?

Développez :

Suite à cet exercice, je décide que tous les ... jours je vais écouter mes intuitions et faire mes propres choix.
Lorsque la réponse ne me vient pas, je lâche prise et je fais confiance à la vie (en moi). Elle se manifestera en temps voulu.

Notez ci-dessous ce qui s'est passé après chaque nouvelle expérience :

Petit livre d'auto coaching pour stimuler la confiance en soi

Valérie Van Rechem

19 GRATITUDE

« Ce n'est pas le bonheur qui nous remplit de gratitude, c'est la gratitude qui nous remplit de bonheur. »
Frère David Steindl-Rast

La gratitude, c'est quoi ? C'est remercier (soi et les autres) et surtout se réjouir de ce qui nous arrive.
Si vous l'avez expérimenté, repensez à ce qui s'est produit en vous.
Vous vous demandez peut-être quel est le rapport entre la gratitude et la confiance en soi.
Lorsque vous remerciez, vous acceptez avec joie ce qui vous arrive et lorsque vous cultivez cette joie vous acceptez la vie telle qu'elle est. Vous vous estimez chanceux pour les petites et les grandes choses qui vous arrivent. Vous avez confiance en la vie (en vous).

Faites une petite liste de gratitudes :

Merci...

Merci...

Merci...

...

Valérie Van Rechem

20 S'AIMER SOI OU LA CONFIANCE EN SOI

«Changer n'est pas devenir quelqu'un d'autre, c'est devenir qui on est et l'accepter.»
Jacques Salomé

Si j'ai confiance en moi, je m'aime et vice versa.
La personne qui s'aime va se respecter et tenir compte de ses propres envies. Elle se fait confiance et s'offre ce qu'elle estime mériter.

Q : Qu'estimez-vous mériter si vous vous aimez vraiment ?

Si vous pensez: «Je ne m'aime pas»:

Q : Quelle en est la raison ?

Q : Quelle est la solution pour commencer à vous aimer ?

Petit livre d'auto coaching pour stimuler la confiance en soi

Valérie Van Rechem

21 JE ME PARDONNE

«Le faible ne peut pardonner, pardonner appartient aux forts.»

Gandhi

Personne n'est parfait et nous faisons tous des erreurs. L'important c'est comment nous les gérons.
Elles peuvent nous servir de tremplin pour nous améliorer.
Nous pardonner, c'est nous accepter tel que nous sommes avec nos défauts, nos qualités (être soi et gagner en confiance) et nous défaire de toute culpabilité limitante. Remercier la vie pour cette leçon qui nous permet de nous améliorer.

EXERCICE :

Faites la liste des choses que vous décidez de vous pardonner.

Je me pardonne pour...

Je me pardonne pour...

Je me pardonne pour...

...

Valérie Van Rechem

22 RELATION AUX AUTRES

« Vivre c'est rester en relation permanente avec soi, l'autre et toute la création. »
Khalil Gibran

En amour ou en amitié, certaines personnes se demandent, lorsqu'on s'intéresse vraiment à elles, si cet intérêt leur est destiné ou si la personne en montre autant à d'autres.
Elles ont du mal à croire qu'elles méritent autant d'attention. Elles sont souvent très mal à l'aise et voudraient fuir.

Q : Si vous êtes concerné(e), comment une ou plusieurs situation(s) qui illustre cela a(ont)-t-elle évolué ?

Q : Pour quelle(s) raison(s) avez-vous manqué de confiance en cette (ces) situation(s) ? Développez.

Q : Si vous regrettez, que feriez-vous si une situation telle que celle(s)-là se représentai(en)t ?

Q : S'il s'agit d'une relation et que vous y aviez cru, quel effet aurait-elle pu avoir sur votre confiance en vous ?

Q : Quelle genre de personnes pourrait contribuer à améliorer votre confiance en vous ?

Q : Quel autre genre de personnes ferait l'effet contraire ?

EXERCICE :

Je trie mes relations pour booster ma confiance en moi.

Les relations favorables :

Les relations défavorables :

Q : Si vous avez des craintes à vous séparer de certaines personnes, quelles sont-elles ?

Valérie Van Rechem

23 Dépendances

« On peut tout ce qui ne dépend que de notre volonté. »
Marcel Proust

Ce chapitre concerne les personnes qui sont dépendantes, que ce soit de quelqu'un, quelque chose ou les deux.

Q : En quoi cette dépendance est-elle indispensable à votre bonheur ?

Q : Quelle est la relation entre cette dépendance et un éventuel manque de confiance, s'il y en a une ?

Q : Quelle action de confiance pourrait vous délivrer de vos dépendances ? Développez.

Valérie Van Rechem

24 OSER LE CHANGEMENT

«Plus tard il sera trop tard, notre vie c'est maintenant.»
Jacques Prévert

Se faire confiance et sauter le pas !
Si votre travail ne vous plait pas ou plus et que vous souhaitez vous engager dans une autre voie. Répondez à cette question:

Q : Qu'est-ce qui empêche ce changement ?

Si vous vous sentez mal dans la sphère privée et que vous souhaitez «passer à autre chose». Répondez à cette question:

Q : Qu'est-ce qui empêche ce changement ?

EXERCICE :

Demandez-vous pour quelles raisons vous êtes limités par cela et ce que vous cherchez à éviter. Lorsque vous avez la réponse, comparez-la à ce que vous vivez actuellement en ne bougeant pas.

Prenez des notes :

25 MES RÂLERIES

«La vie est trop courte pour perdre du temps à râler.»
Anonyme

Dans cet espace, vous allez transformer vos «coups de gueule» en «je souhaite...»
Car derrière un énervement se cache toujours un souhait et il est plus favorable de formuler votre souhait que de râler. Cela vous permet de mieux vous connaître, de mieux vous comprendre et de penser de manière positive.
Quand c'est le cas, vous êtes plus connecté(e) à vous-même et cela renforce votre confiance en vous-même !
Et n'oubliez pas que le positif attire du positif !

EXERCICE :

Chaque fois que vous râlez, transformez cela en :

Je souhaite... Et notez le ci-dessous :

Valérie Van Rechem

26 LES CITATIONS

Vous avez pu lire des citations au début de chacun des chapitres et une suppléméntaire dans le chapitre 16 (L'instant présent). Il y en a 29 en tout.

EXERCICE :

Laquelle ou lesquelles ont pu retenir votre attention et pour quelle(s) raison(s) ?
Développez.

Valérie Van Rechem

27 MON IDENTITÉ RÊVÉE

«Cela semble toujours impossible, jusqu'à ce qu'on le fasse.»
Nelson Mandela

Cette page est votre page d'intentions, chaque fois que vous pensez à ce que vous voulez être, formulez-le comme suit: *Je suis...*
Puisque la pensée finit par se transformer en réalité !

Je suis...

Valérie Van Rechem

CONCLUSION

A vous de jouer, écrivez ici votre propre conclusion après avoir réalisé ce travail.
Faites un résumé des différentes étapes et rédigez-en la conclusion. Relisez-la aussi souvent que possible et continuez à prendre des notes dans votre journal.

NOTES PERSONNELLES

NOTES PERSONNELLES

Valérie Van Rechem

NOTES PERSONNELLES

NOTES PERSONNELLES

NOTES PERSONNELLES

A PROPOS DE L'AUTEUR

Valérie Van Rechem

Passionnée de développement personnel et ayant connu différents changements professionnels en Belgique et à l'île de la Réunion, elle s'est formée au coaching en développement personnel, a obtenu sa certification ACC auprès de l'ICF (International Coach Federation) considéré comme le «gold standard» en coaching et a suivi différentes formations aux techniques issues des neurosciences. Après avoir vécu et travaillé huit ans à l'île de la Réunion, elle revient vivre à Bruxelles en 2016 et elle pratique le coaching de vie et de réorientation professionnelle. Elle utilise les techniques apprises lors de ses différentes formations et s'inspire des séances pratiquées avec ses clients pour écrire cet ouvrage d'exercices pratiques autour de la confiance en soi.

Valérie Van Rechem
site web www.valerie-van-rechem.com

Vous souhaitez un coaching individuel et vous n'avez pas beaucoup de temps ou vous êtes géographiquement éloigné(e) ?
Je consulte en ligne avec entre autres le payement sécurisé Paypal :

https://www.valerie-van-rechem.com/contact-valerie-van-rechem

www.ingramcontent.com/pod-product-compliance
Lightning Source LLC
Chambersburg PA
CBHW031451040426
42444CB00007B/1060